TROISIÈME ÉDITION

BIBLIOTHÈQUE SPÉCIALE DE LA SOCIÉTÉ
DES
AUTEURS ET COMPOSITEURS DRAMATIQUES

DIMITRI

OPÉRA EN CINQ ACTES ET SEPT TABLEAUX

PAROLES DE

MM. HENRI DE BORNIER ET ARMAND SILVESTRE

MUSIQUE DE

M. VICTORIN JONCIÈRES

Représenté pour la première fois à Paris,
sur le théâtre NATIONAL-LYRIQUE, le 1er mai 1876
(Direction de M. Albert VIZENTINI)

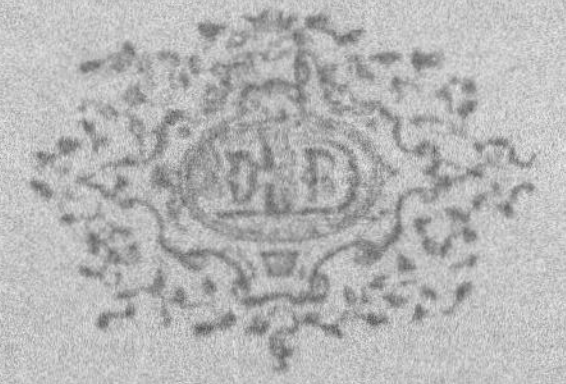

PARIS
E. DENTU, ÉDITEUR
LIBRAIRE DE LA SOCIÉTÉ DES GENS DE LETTRES
ET DE LA SOCIÉTÉ DES AUTEURS DRAMATIQUES
PALAIS-ROYAL, 17-19, GALERIE D'ORLÉANS

1876

DIMITRI

OPÉRA EN CINQ ACTES ET SEPT TABLEAUX

Représenté pour la première fois, à Paris, sur le théâtre NATIONAL-LYRIQUE, le 1er mai 1876.

Clichy. — Impr. Paul DUPONT, rue du Bac-d'Asnières, 12

THÉATRE NATIONAL LYRIQUE. — DIRECTION : ALBERT VIZENTINI.

DIMITRI

OPÉRA EN CINQ ACTES

ET SEPT TABLEAUX

PAROLES DE

MM. HENRI DE BORNIER ET ARMAND SILVESTRE

MUSIQUE DE

M. VICTORIN JONCIÈRES

TROISIÈME ÉDITION.

PARIS
E. DENTU, LIBRAIRE-ÉDITEUR
PALAIS-ROYAL 151, 17 ET 19, GALERIE D'ORLÉANS
1876

C'est un devoir pour moi de remercier M. Léon CARVALHO, qui a bien voulu m'aider à composer, il y a plusieurs années, le plan de cet Opéra, et de remercier également M. Armand SYLVESTRE, un vrai poete, que sa science de la musique mettait à même d'adapter les vers de *Dimitri* à la grande et savante musique de M. JONCIÈRES.

HENRI DE BORNIER.

PERSONNAGES

DIMITRI, au 1er acte, sous le nom de Vasili, prétendant au trône de Russie (ténor)........	MM. DUCHESNE.
LE COMTE DE LUSACE, seigneur polonais (baryton)	LASALLE.
LE PRIEUR (basse)...........................	COMTE.
JOB, archevêque de Moscou (basse)..............	MAYAN.
LE ROI SIGISMOND (baryton)..................	LEPERS.
UN OFFICIER (ténor)...........................	WATSON.
UN TSIGANE (basse)...........................	BEGRAFFE.
MARINA, fiancée de Dimitri (soprano)...........	Mmes L. DALTI.
MARPHA, veuve du tzar Ivan (contralto).........	ENGALLI.
VANDA, cousine du roi Sigismond (mezzo-soprano)	BELGIRARD.
UNE DAME (mezzo-soprano)......................	MOREL.

OFFICIERS, COSAQUES, SOLDATS, DAMES DU PALAIS, BOHÉMIENS, BOHÉMIENNES, etc.

Mise en scène de M. Augustin VIZENTINI.

Ballet de M. JUSTAMANT. — Décors de MM. RUBÉ et CHAPERON, FROMONT, CORNILL. — Costumes dessinés par M. TH. THOMAS.

Danse : Mmes ANAÏS MAILLART (1er sujet), L. VERNET, SOLARI, MEZAMAT, LAROCCA, JARBAGNATI, BORRINI, VACCARO et les dames du corps de ballet.

L'action se passe en Pologne et en Russie, en 1605.

DIMITRI

ACTE PREMIER.

Site pittoresque, fin de l'hiver, trois plans. — A droite, la porte d'un couvent ; au fond, descente d'une colline au bas de laquelle on aperçoit le cours du fleuve, le Don. — Des Cosaques, le Prieur en tête, débarquent sur la rive.

SCÈNE PREMIÈRE.

CHŒURS DE COSAQUES, CHEFS, ATAMANS, LE PRIEUR.

CHŒUR.

Hourrah !
Hourrah !
Gloire aux Cosaques !
Nos ennemis
Se sont soumis
Sous nos rudes attaques.
Hourrah !
Hourrah !

LE PRIEUR.

Enfin la Pologne l'emporte,
Les Turcs sont tombés sous nos coups ;

La cause juste est enfin la plus forte;
Guerriers, Dieu combattait pour nous.

CHŒUR.

Hourrah!
Etc.

LE PRIEUR.

Eh bien, pour célébrer la trêve,
Chantons, guerriers jeunes ou vieux,
Chantons, inclinés sur la grève,
Le Don, le fleuve des aïeux.

(Les soldats remplissent leurs coupes et boivent.)

LE CHŒUR.

Buvons au fleuve, au fleuve sombre,
Au fleuve dont les flots vainqueurs,
Abreuvant les guerriers sans nombre,
Trempent l'acier comme nos cœurs!
Buvons au fleuve, au fleuve sombre!

LE PRIEUR.

Mais pour d'autres combats gardons le glaive en main:
Hier les Ottomans et les Russes demain.

CHŒUR.

Hourrah!
Etc.

(Les Cosaques s'éloignent par groupes. Le prieur se dirige vers la porte du couvent et s'arrête en voyant arriver Vasili.)

SCÈNE II.

LE PRIEUR, DIMITRI, sous le nom de VASILI.

VASILI.

Le prieur!

LE PRIEUR.

Vasili !

VASILI.

Mon père...

LE PRIEUR.

Qui ramène
Parmi nous l'enfant égaré ?

VASILI.

Vous allez tout savoir : mes fautes et leur peine,
Humblement je les avoûrai.
Une femme, Vanda, par un triste mystère,
Soumit mes jours à son pouvoir ;
Pour elle, j'oubliai, loin de ce monastère,
Et vos leçons et mon devoir.
Mais ce premier amour, ô mon père, ô mon maître,
Que condamna votre courroux,
J'en ai honte et mépris, car Dieu m'a fait connaître
Un amour plus chaste et plus doux.

LE PRIEUR.

A quelque autre péril tu vas courir peut-être !
Ah ! Dieu puissant, protége-nous !

VASILI.

Jamais le ciel ne versa tant de grâce,
Tant de beauté sur un front de vingt ans.
Ses yeux où l'âme entière passe,
Ses yeux de lumière éclatants,
Sont pareils aux rayons du matin au printemps !
Jamais l'azur n'enferma tant d'étoiles
Dans les plis flottants de ses voiles !
Doux regards au charme vainqueur,
Beaux yeux tout pleins d'étoiles,
Je les vois dans mon cœur !

Marina, mon doux rêve !
O charme de mes jours
Je veux t'aimer sans trêve !
A jamais ! et toujours !

LE PRIEUR.

Malheureux ! Marina, tu l'ignores sans doute...
Le comte de Lysberg doit l'épouser bientôt !

VASILI.

Mon père, ce n'est pas Lysberg que je redoute !
Sache tout, il le faut :
Au bruit de cet hymen, plein de rage et de honte,
Bientôt je provoquai, puis je tuai le comte.
La cause du duel, je ne la disais pas...
Moi sans nom, sans pays, ma mort semblait certaine ;
Plongé dans un cachot, j'attendais le trépas,
Lorsque Vanda parut et fit tomber ma chaîne.

« Oui, je t'aime, dit-elle, et mon amour profonde
« S'accroît encor de tes malheurs !
« Si tu n'as plus que moi, que moi seule en ce monde,
« C'est assez pour sécher tes pleurs ;
« Je connais ton destin, je dois encor me taire ;
« Pour toi viendront de plus beaux jours.
« J'ai gagné tes geôliers, retourne au monastère,
« Compte sur moi comme toujours. »

LE PRIEUR.

Ne compte que sur Dieu, car lui seul est le maître !
Acceptons à genoux ses décrets éternels;
C'est déjà le fléchir que savoir se soumettre :
Suis-moi pour l'implorer au pied de ses autels.

(Tous deux entrent dans le couvent. Une troupe de bohémiens tsiganes, parmi lesquels Marina, entrent après leur départ.)

SCÈNE III.

BOHÉMIENS, MARINA.

CHŒUR DES BOHÉMIENS.

Les Tsiganes à perdre haleine
Vont par les monts, vont par la plaine,
Sous le ciel noir, sous le ciel bleu ;
Que le jour finisse ou commence,
Par les bois, par la plaine immense,
Ils vont en paix sous l'œil de Dieu.

LE CHEF DES BOHÉMIENS.

Amis, la nuit arrive,
Près de la source vive
Dont on entend le bruit,
Amis, dressez vos tentes
Qui s'ouvrent palpitantes
Au vent frais de la nuit.

(Les hommes dressent les tentes au fond ; les femmes vont puiser de l'eau à une source qui jaillit des rochers. Marina, qui les suit, s'arrête et s'appuie sur la margelle.)

MARINA.

Quelle fatigue ! Ah ! je succombe !
Vais-je mourir ici ?
Ce désert sera-t-il ma tombe ?
Vasili ! Vasili !
Ce désert sera-t-il ma tombe ?
Vasili ! mon seul amour,
Reviens, si tu vis encore !
Vasili, ton dernier jour
Serait ma dernière aurore !

Vasili ! tu ne m'entends pas !
Je n'ai plus d'espoir qu'au trépas !
Fidèle à celui que j'adore,
Jusqu'au tombeau je suis ses pas !

SCÈNE IV.

MARINA, VASILI.

VASILI, qui sort du couvent et court vers elle en entendant son nom.

Marina !

MARINA.

Vasili !

(Ils se jettent dans les bras l'un de l'autre.)

MARINA.

C'est toi, toi que j'implore
Et qui viens à ma voix.
Tu vis ! tu vis encore !
C'est toi que je revois !

VASILI.

Marina, je t'adore !
Écoute ! espère et crois !
C'est moi, moi qui t'implore.
Enfant, comme autrefois,
Oh ! parle, parle encore !
Que je m'enivre de ta voix.

MARINA.

Flamme immortelle !

VASILI.

Divin transport !

MARINA.

Sois-moi fidèle !

VASILI.

Jusqu'à la mort.

MARINA.

Vasili

VASILI.

Marina !

MARINA.

Quel bonheur !

VASILI.

Quelle ivresse !
Mais quel heureux destin te rend à ma tendresse ?
Moi qui craignais pour toi le courroux paternel !

MARINA.

Le hasard a tout fait, ou plutôt c'est le ciel.
Le cœur brisé j'ai fui loin de mon père ;
Sa voix terrible ordonnait ton trépas,
Son dur regard me disait : Désespère !
Et son regard, hélas ! ne mentait pas.
Je souffrais trop pour supporter la vue
De ce séjour autrefois si joyeux ;
Mon cœur brisé par ta perte imprévue,
Je résolus de le donner aux cieux.

VASILI.

Ah ! juste ciel ! tant d'alarmes
Tant de douleur et tant d'effroi !
Dans tes yeux, tant de larmes !
Tant de douleur, hélas ! pour moi.

MARINA.

Je quittai le palais, je sortis de la ville
Folle, éperdue, allant par les champs, au hasard,
Fatiguant les échos de ma plainte inutile,
Aux arbres, aux rochers, heurtant mon front hagard,
Je tombai de fatigue et d'horreur épuisée.
Quand je me réveillai sous la froide rosée
Des hommes m'entouraient, de pauvres bohémiens.
Je les suivis ; leurs maux eurent pitié des miens.

VASILI.

Et maintenant, la clémence éternelle
A réuni nos âmes pour toujours ;
Dieu qui nous garde à l'ombre de son aile
Protégera nos fidèles amours.

ENSEMBLE.

O mon espoir et mes seules amours,
A toi mon cœur, toujours fidèle !
Toujours ! toujours !

VASILI.

Écoute, maintenant : bientôt, ce soir peut-être,
Mon destin doit changer; attendons, il le faut.

MARINA.

Que dis-tu ?

VASILI.

Des secrets dont un autre est le maître
Me seront révélés bientôt.
Attendons, il le faut.

(La nuit est venue; musique lointaine. Les cloches sonnent l'angelus dans le couvent. Chant des moines. Chant des bohémiens.)

ENSEMBLE.

MOINES.

Sainte patronne,
Mère des élus,
A tous pardonne :
Voici l'angelus !
Dieu de clémence,
Dieu de bonté,
Toi qui, dans l'infini guides l'aile des anges,
Accepte nos humbles louanges,
Dieu de bonté,
Et permets que le temps chante l'éternité !

BOHÉMIENS.

Que le jour finisse ou commence,
Sur les monts par la plaine immense,
A travers les temps révolus,
Dieu guide ses élus.
Gloire au dieu de clémence
Durant l'éternité.

(Le prieur sort du couvent et chante en bénissant la foule éloignée et la nature.)

LE PRIEUR.

I.

Exauce-nous, Seigneur, bénis la nuit qui tombe,
Le noir sillon, les bois, les monts, le lac vermeil,
La douceur du berceau, le repos de la tombe,
L'homme dans le travail, l'homme dans le sommeil.

II.

Bénis l'oiseau caché sous la sombre ramure,
La mer qui gronde au loin et la terre qui dort,

La source qui jaillit et l'arbre qui murmure,
Bénis le deuil, la joie, et la vie et la mort !

(Marina s'éloigne du côté des bohémiens. Dimitri rentre dans le couvent. Le comte de Lusace paraît au fond et va vers le prieur.)

SCÈNE V.

LE PRIEUR, LE COMTE DE LUSACE, SEIGNEURS POLONAIS.

LE COMTE.

Moine, écoute ! dans ta pensée
Un souvenir a dû rester vivant :
Voilà quinze ans, par une nuit glacée
Un homme vint dans ce couvent ;
Il conduisait par la main un enfant.
« Cet enfant, te dit-il, l'enfant que je t'amène,
« Je connais seul son nom, sa race, ses malheurs ;
« Ses jours sont menacés par une injuste haine ;
« Moine, veille sur lui, jusqu'à des temps meilleurs ! »
T'en souvient-il ?

LE PRIEUR.

Il m'en souvient.

LE COMTE.

« Connaissant tes vertus, certain de ta prudence,
« Aujourd'hui je confie à tes soins ce coffret ;
« Par lui, l'enfant, plus tard, prouvera sa naissance ;
« Mais jusqu'à mon retour, cache-lui ce secret !... »
Moine, t'en souvient-il ?

LE PRIEUR.

Il m'en souvient.

LE COMTE.

Cet homme, c'était moi, le comte de Lusace ;
L'enfant, c'était le fils du czar terrible Yvan ;
Son nom est Dimitri ; pour l'honneur de sa race
Il doit quitter bientôt l'ombre de ce couvent.

LE PRIEUR.

Que dis-tu ? l'héritier d'Yvan Quatre est vivant !
Boris, l'usurpateur, dans Moscou triomphant,
Va donc tomber du trône où régnait son audace ?

LE COMTE.

Tu vois si j'ai bien fait de sauver cet enfant !

LE PRIEUR.

C'est l'heure de la justice :
Dieu veillait, il a frappé ;
Tyran, que ton front pâlisse !
Croule enfin, trône usurpé !

LE COMTE.

Ainsi, je tiens ma vengeance !

LE PRIEUR.

Boris bientôt tombera !

LE COMTE.

Marchons donc d'intelligence.

LE PRIEUR.

Oui, le ciel nous aidera.

ENSEMBLE.

C'est l'heure de la justice :
Dieu veillait, il a frappé ;

Tyran, que ton front pâlisse ;
Croûle enfin, trône usurpé.

(Le prieur et le comte entrent dans le couvent suivis des seigneurs polonais. Sur une musique douce, Marina descend des rochers où sont campés les bohémiens.)

SCÈNE VI.

MARINA, seule.

Pâles étoiles,
Calme charmant,
Lumineux voiles
Du firmament !
Suave brise,
Quand vient le jour
Que tout redise :
Amour ! amour !

Aigle ou colombe,
Esclave ou roi,
Jusqu'à la tombe,
Suivez la loi !
Cœur qui se brise,
Quand meurt le jour,
Que tout redise :
Amour ! amour !

Calme de l'âme,
Calme charmant,
Tranquille flamme
D'un cœur aimant !
Qu'il s'éternise
L'espoir d'un jour !
Que tout redise :
Amour ! amour !

Ame éternelle,
Dans l'éther bleu,
Ouvre ton aile
Et monte à Dieu ;
Emporte et brise
Tes fers d'un jour;
Que tout redise :
Amour! Amour!

SCÈNE VII

MARINA, VASILI, LE PRIEUR, resté au fond.

VASILI.

Marina... Viens, c'est moi!... Ne tremble pas... écoute ;
Dès demain tu prendras la route
Du château de Viksa.
Captive de Boris, la tzarine Marpha,
La veuve d'Yvan Quatre, y pleure encor sans doute.
Elle y pleure son fils... Dis-lui qu'il est vivant,
Car c'est moi, Dimitri, qui suis le fils d'Yvan!
Dis-lui, dis-lui surtout, que mon amour profonde
En te donnant mon cœur te donnera le monde!

MARINA.

Juste ciel!... Dimitri!... Le fils du tzar Yvan!..

ENSEMBLE.

Et maintenant la clémence éternelle
A réuni nos âmes pour toujours ;
Dieu qui nous garde à l'ombre de son aile
Protégera nos fidèles amours.

(Marina s'enfuit. Le comte de Lusace paraît à la porte du couvent et fait un signe de menace.)

ACTE DEUXIÈME

LE PALAIS DE VANDA, A CRACOVIE.

Intérieur renaissance italienne. — Galerie au fond.

SCÈNE PREMIÈRE.

FEMMES, en costumes somptueux; VANDA, assise sur une ottomane.

CHŒUR DES FEMMES.

Palais plein de lumière,
O palais enchanté,
Où dans sa grâce fière
Triomphe la beauté !
Versez, fleurs, vos haleines
Dans l'air vibrant et doux...
Coulez, ô coupes pleines !
Parfums, enivrez-nous !

VANDA, *laissant tomber un papier qu'elle vient de lire sur ses genoux.*

Dès ce soir !...
Aujourd'hui même !
Je vais revoir
Celui que j'aime !
Cher Dimitri, je vais donc te revoir !

CHŒUR.

Palais plein de lumière.
Etc., etc.

VANDA.

Je vais voir s'accomplir enfin mon double rêve,
Rêve d'amour et de grandeur !
Je vais donc le revoir, lui que ma main élève
Dans la puissance et la splendeur !
Je vais voir s'accomplir enfin mon double rêve !

SCÈNE II.

VANDA, LE COMTE DE LUSACE.

VANDA.

Enfin, comte, c'est toi !

(Elle congédie ses femmes du geste.)

LE COMTE.

Vanda, tout est-il prêt ?
Moi, ce que j'ai promis de faire, je l'ai fait :
J'ai suivi Dimitri, depuis le monastère ;
Et, sans attendre plus longtemps,
Partout, j'ai révélé hautement ce mystère ;
Nous avons fait un tzar, Vanda ; soyons contents !

VANDA.

Ce soir, dans mon palais, le roi viendra lui-même
Pour rendre à Dimitri la puissance suprême.

LE COMTE.

Il faut que, dès ce soir, en présence du roi,
Le nouveau tzar s'engage et te donne sa foi.

VANDA.

Devant tant de témoins ?

LE COMTE.

Il le faut !

VANDA.

Et pourquoi ?

LE COMTE.

I.

J'ai pour toute philosophie
D'être défiant ici-bas :
De tout, de tout je me défie ;
Défions-nous à chaque pas ;
Défions-nous du vent, des ondes,
De la nuit et des astres d'or,
Des femmes brunes et des blondes...
Défions-nous de l'eau qui dort !

II.

Pour être heureux, pour être heureuses,
Défions-nous bien, chaque jour,
Des amoureux, des amoureuses,
Et surtout, surtout de l'amour !
Défions-nous des jeunes princes
Qui n'ont pas un village encor
Et qui promettent des provinces...
Défions-nous de l'eau qui dort !...

VANDA.

Pourquoi troubler ainsi mon âme ?

LE COMTE.

Je voulais rire, belle dame !
Tu n'as pas de rivale et tu n'en auras point ;
Mais suis mon conseil sur ce point:
Que Dimitri soit tzar, et d'abord sois sa femme !

VANDA.

Je comprends.

LE COMTE.

Dimitri va bientôt être ici ;
Laisse-nous seuls.

VANDA.

C'est bien, il sera fait ainsi.

(Elle sort.

SCÈNE III.

LE COMTE DE LUSACE, seul.

Pauvre femme !... vraiment d'une pitié profonde
Mon cœur est pour elle saisi :
Ce sont ces têtes-là qui gouvernent le monde !
Ah ! que tout irait mal, si je n'étais ici !
Depuis quinze ans, j'aurais sans trêve
Tout immolé, jusqu'au remord !
Partout j'aurais, suivant mon rêve,
Bravé la mort !
Quoi ! le sort briserait la trame
Que j'ai faite avec tant d'effort !
J'aurais en vain damné mon âme !
Non, non ! je dompterai le sort !

Non, non! pour mes desseins cette heure est oppor-
Enfin, tout sourit à mes vœux; [tune.
Sur celle de Vanda j'élève ma fortune;
Oui, Vanda, tu seras tzarine, je le veux!

SCÈNE IV.

LE COMTE DE LUSACE, DIMITRI.

LE COMTE.

Prince, je t'attendais! Le sceptre et la couronne
Seront à toi demain.
Songe que c'est Vanda, Vanda qui te les donne
En te donnant sa main.

DIMITRI.

Marina! Pour une autre femme,
Trahir, ici, mon cher amour?
Quel trouble s'élève en mon âme!
O désespoir! ô triste jour!
J'oublierais ton amour si tendre,
Ton regard si pur et si doux!
Seigneur! Ah! que viens-je d'entendre?
Mon Dieu! mon Dieu, protége-nous!

LE COMTE.

Ainsi, tu fuis le rang suprême?

DIMITRI.

Non! mais je garde le bonheur.

LE COMTE.

Ingrat! Tu sais que Vanda t'aime...

DIMITRI.

Marina règne sur mon cœur.

ENSEMBLE.

LE COMTE.

Ainsi, c'est Marina que ton âme préfère ;
Au château de Wiska, près de Marpha ta mère,
Elle est en ce moment : je sais tout, tu le vois.
Boris, déjà tremblant pour son trône éphémère,
Boris va les frapper tous les deux à la fois.

DIMITRI.

O ciel !

LE COMTE.

Le noir vautour aux larges ailes,
En ce moment plane sur elles.
De sa fureur comment les préserver ?
Songe bien que Vanda peut seule les sauver !
Voici tes défenseurs, jusqu'à ce jour fidèles,
Songe bien que Vanda peut te les conserver !

SCÈNE V.

LE COMTE DE LUSACE, DIMITRI, VANDA, Invités.

VANDA, à part, allant à Dimitri.

Enfin, c'est toi ! De ton absence
J'ai bien pleuré jusqu'à ce jour.
Mais à toi la puissance !
A toi la gloire, à toi l'amour !

DIMITRI.

Tout ce que je te dois, je le sais ! A mon tour,
Vanda, tu peux compter sur ma reconnaissance.

VANDA.

Viens donc; tous mes amis s'empressent pour te voir :
Viens donc, par ta présence, enflammer leur espoir.

LE COMTE, à part, les suivant des yeux.

Allons, tout ira bien et ma fortune est faite !

CHŒUR, dansé.

Pour les rois cette fête
Est faite,
Et charmerait les yeux
Des dieux !
Aux fronts les plus moroses
Des roses !
Videz les coupes d'or
Encor !

Le roi paraît au fond entouré de sa cour. Vanda va au-devant de lui, tenant Dimitri par la main.)

CHŒUR.

Honneur, honneur au roi !

SCÈNE VI.

LES MÊMES, LE ROI, LE PRIEUR.

VANDA.

Sire, daignez permettre
Qu'à Votre Majesté
Le prince Dimitri soit par moi présenté,
Et dans votre faveur, sire, daignez l'admettre !

LE ROI, tendant la main à Dimitri.

Prince, voici ma main.
Les États de Pologne et de Lithuanie
Doivent se prononcer sur vos droits dès demain;
Devant cette assemblée à ma voix réunie,
Le roi sera pour vous. Prince, voici ma main.
J'espère, Dimitri, croyant la cause juste,
Que pour vous penchera ce tribunal auguste.
C'est l'intérêt de tous, et c'est l'ordre divin,
Que nul, ayant le droit, ne le réclame en vain!

TOUS LES ASSISTANTS.

C'est l'intérêt de tous, et c'est l'ordre divin,
Que nul, ayant le droit, ne le réclame en vain!

VANDA.

Sire, noble soutien de toute ma famille,
Je dois vous obéir en tout, comme une fille,
Et de vous seul je puis recevoir un époux,
Oui, de vous!

LE ROI.

Un époux?
Oui, c'est le droit du rang suprême.

VANDA.

Autorisé par moi, sire, par Vanda même,
Le prince Dimitri vous demande ma main.
Daignez, sire, à présent, permettre cet hymen.

DIMITRI, à part, au comte de Lusace.

Marina! non jamais!...

LE COMTE.

Prends garde!

Dimitri, Vanda te regarde !
Tu perds ta mère et Marina... tais-toi!
Laisse faire le roi.

LE ROI, à Vanda.

Quand il aura reçu dans Moscou la couronne,
Qu'il réclame ta main ; alors, je la lui donne.

ENSEMBLE.

Le roi consent, le roi l'ordonne.

VANDA.

Amour, verse en mon âme
La joie et l'espoir vainqueur!
Son regard, douce flamme,
Illumine mon cœur.

DIMITRI.

L'orgueil de cette femme,
Hélas ! détruit mon bonheur,
Mon sang, ma vie et mon cœur,
C'est une autre qui les réclame.

LE COMTE.

L'espoir emplit mon âme.
Que fait sa vaine douleur ?
En l'aimant, cette femme
Assure mon pouvoir vainqueur.

CHŒUR.

L'amour verse en leur âme,
La joie et l'espoir vainqueur!
Dans leurs yeux brille la flamme,
La flamme qui jaillit du cœur!

VANDA.

Amour, verse en mon âme
La joie et l'espoir vainqueur !
Son regard, douce flamme,
Illumine mon cœur.

LE ROI.

Rassemble tes soldats, va chercher la couronne,
Cours à Moscou ! que Dieu t'y donne de longs jours !

CHŒUR.

Le roi consent, le roi l'ordonne.
Mon Dieu, bénissez leurs amours.

(*Fanfares.*)

ACTE TROISIÈME.

L'INTÉRIEUR DE LA FORTERESSE DE WISKA

Au lever du rideau, Marina achève une lecture que Marpha ne semble pas écouter.

SCÈNE PREMIÈRE.

MARINA, MARPHA, *puis* UNE DAME D'HONNEUR

MARINA.

Hélas! je le vois bien, nos lectures, czarine,
Vous fatiguent; arrêtons-nous.
Montons sur le rempart; de la forêt voisine
L'air plus pur viendra jusqu'à nous.

MARPHA.

Que m'importe que l'air soit plus pur et plus doux!

MARINA, *entr'ouvrant une fenêtre.*

Regardez cependant, dans la campagne immense
Les arbres semblent rajeunis.
L'hiver sombre s'enfuit, le printemps recommence,
Mille oiseaux chantent dans les nids.

MARPHA.

Eh! que m'importe à moi? Mes bonheurs sont finis!

MARINA.

Le fleuve brille au loin, et la glace se brise
Sous les flèches d'or du soleil,
Des nuages légers s'envolent à la brise...
C'est le printemps, c'est le réveil!

MARPHA.

Les morts et les captifs dorment d'un lourd sommeil.

MARINA.

Dans les cœurs palpitants, pleins de douces pensées,
L'amour descend du haut des airs;
Les fiancés s'en vont avec les fiancées
Par les chemins joyeux et verts.

MARPHA.

Hélas! de fleurs aussi les tombeaux sont couverts.

DUO.

MARPHA.

Que parles-tu d'espérance?
Vains rêves et vain effort!
Mon unique délivrance,
Mon seul espoir, c'est la mort.
Viens, ô mort, clos ma paupière :
Je l'attends, ce jour si beau!
Préparez pour moi la pierre
Du tombeau.

MARINA.

Pourquoi désespérer, madame?
Votre fils est vivant;

Il punira Boris, l'usurpateur infâme;
C'est Dimitri, le fils d'Yvan!...
C'est votre fils libre et vivant!
C'est Dimitri, le fils d'Yvan!

MARPHA.

Quoi! mon fils vivrait encore!...
C'est un rêve, je le crains;
L'usurpateur que j'abhorre
Frappe des coups plus certains.
Hélas! depuis ton arrivée,
A l'espérance un moment retrouvée
Mon triste cœur plus que jamais est mort,
Et je n'en sens que mieux toute l'horreur du sort

ENSEMBLE.

MARPHA.

Pourquoi parler d'espérance?
Vains rêves et vain effort!
Mon unique délivrance,
Mon seul espoir, c'est la mort.
Préparez pour moi la pierre
Du tombeau,
Je l'attends ce jour si beau!

MARINA.

Pourquoi parler d'espérance?
Vains rêves et vain effort!
Son unique délivrance
Son seul espoir, c'est la mort.
Fuis, ô mort, sa paupière
Ecartez la pierre
Du tombeau.

UNE DAME D'HONNEUR de la tzarine Marpha.

Au nom du tzar Boris, madame,
Job, l'archevêque de Moscou,
De Votre Majesté réclame
Un moment d'entretien.

MARPHA.

O ciel ! quel nouveau coup!
Job, l'ami de Boris!

(Marina sort en montrant le ciel, où Marpha doit placer son espérance.)

SCÈNE II.

MARPHA, JOB.

JOB.

Écoutez-moi, madame.
L'intérêt de l'État, le vôtre aussi, m'enflamme;
Et vous le comprendrez, j'en ai le ferme espoir.

MARPHA.

Parlez!

JOB.

Déjà sur vous, Marpha, l'orage gronde :
Pour renverser le trône et les droits de Boris,
Un vil aventurier se prétend votre fils.
Boris attend de vous qu'à la face du monde,
Vous démentiez cet homme indigne de pardon ;
Boris désire enfin que votre voix confonde
La révolte naissante...

MARPHA, interrompant vivement.

On se révolte donc?

JOB.

L'aventurier prétend, sur un vain témoignage,
Que l'on mit à sa place un enfant de son âge.

MARPHA, comme se parlant à elle-même.

Oui, le corps de mon fils disparut en effet;
Je comprends, je comprends! l'imposteur le savait?

JOB, s'animant à son tour.

L'imposteur montre encore une croix de baptême
Où sont gravés les noms de Dimitri lui-même.

MARPHA, avec une froideur affectée.

Vraiment! On a du moins confondu ce blasphème?

JOB.

En Pologne, en Ukraine, il a des partisans;
Il a pu réunir cent mille combattants...

MARPHA.

Quoi cent mille!

JOB.

Bientôt, peut être...
L'imposteur serait notre maître!
Préviens un tel affront;
Les peuples te croiront :
Dis qu'il n'est pas ton fils, on verra son armée
Se disperser soudain comme au vent la fumée.

MARPHA.

Et si je ne dis rien?

JOB.

Je ne réponds de rien.

(Moment de silence.)

MARPHA.

Eh bien ! je dis qu'il est mon fils, entends-tu bien ?
Grand Dieu ! le voici donc le jour de la vengeance.
Sors enfin de mon cœur, espoir trop contenu...
Ma haine avec le ciel était d'intelligence.
Tremblez, tyrans, le vengeur est venu !

JOB.

Enfin je le connais ton rêve de vengeance ;
Il jaillit de ton cœur l'espoir trop contenu ;
Ta haine avec le ciel se croit d'intelligence,
Mais le vengeur n'est pas encor venu.

MARPHA.

Eh quoi ! je servirais l'infâme,
L'infâme assassin de mon fils !
Tu n'as donc pas lu dans mon âme ?
Retourne vers Boris, le tyran détesté ;
Dis-lui que je le hais, lui, sa race servile,
Ses enfants, ses valets, et sa couronne vile,
Et ses grandeurs d'un jour et son trône volé !
Qui ! moi, je soutiendrais son pouvoir ébranlé ?
Va répondre en ce jour suprême
Au tyran qui me tend les bras,
Que pour éviter l'enfer même,
Non, non, je n'obéirais pas !

REPRISE DE L'ENSEMBLE.

MARPHA.

Enfin le voici donc le jour de la vengeance, etc.

JOB.

Enfin je le connais ton rêve de vengeance, etc.

MARPHA, seule.

Mon fils! il est mon fils, en douterais-je encore?
Ce fils que quinze ans j'ai pleuré,
O Dieu juste, Dieu que j'implore,
Faites grandir l'espoir dans mon cœur enivré.
O nature puissante et douce,
O grands bois tapissés de mousse,
Où chante le printemps vainqueur!
O nature, féconde mère,
Toi qu'insultait ma peine amère,
Je t'aime maintenant et je t'ouvre mon cœur!
Et toi, mon Dieu, qui vis mes larmes,
Mes tortures et mes alarmes,
Je t'adore et je te bénis :
Voici mon fils! voici mon fils!

(Elle tombe à genoux. Symphonie à l'orchestre.)

DEUXIÈME TABLEAU.

LE CAMP DE DIMITRI.

Le soir; au fond, des tentes. Moscou s'entrevoit dans les brumes. Silhouette lointaine. Au fond les dômes de Moscou. Symphonie militaire, mouvement de troupes.

SCÈNE PREMIÈRE.

DIMITRI, LE PRIEUR, Officiers.

DIMITRI, aux officiers.

Vous avez bien compris; que chacun exécute
Mes ordres sans retard;
Moscou résiste encor, mais certaine est sa chute,
Au Kremlin flotteront bientôt nos étendards.
Allez!

(Il les congédie du geste.)

SCÈNE II.

DIMITRI, LE PRIEUR.

DIMITRI, au prieur.

Toi, reste ici, toi le seul homme au monde

A qui j'ai confié mon angoisse profonde,
Reste : plus que jamais j'ai besoin d'un ami!

LE PRIEUR.

Ton chagrin, dans ce jour, n'est donc pas endormi?
Ton triomphe prochain, la gloire de tes armes
Tout doit fermer ton cœur à de vaines alarmes.

DIMITRI.

Vanda! Quoi, j'ai promis
D'épouser cette femme!

LE PRIEUR.

Ce fut un piège infâme;
Ton serment fut surpris.

DIMITRI.

Non! Il fallait sauver ma patrie et ma mère,
Il fallait sauver Marina :
J'ai promis d'épouser Vanda...
Ah! que j'aimerais mieux, libre comme naguère,
N'avoir que mon amour et mon rêve pour loi...
Mais je ne suis plus libre à présent : je suis roi!
Et ma mère?... Du moins, ami, tu réponds d'elle?

LE PRIEUR.

Oui, nos soldats lui font une garde fidèle.
Quand il en sera temps, elle te rejoindra.

DIMITRI.

Et Marina?

LE PRIEUR.

Elle est près de ta mère, au château de Wiska.

(Dimitri congédie le prieur du geste.)

SCÈNE III.

DIMITRI, *seul. Il contemple Moscou.*

Voilà Moscou... Moscou la sainte...
Ses dômes... ses tours... son enceinte ;
Voilà donc mon empire ! O mon Dieu, sous ma loi,
Fais que mon peuple soit heureux, inspire-moi !...
O sol sacré de la patrie,
O terre où dorment mes aïeux,
Reçois, reçois, terre chérie,
Les pleurs qui tombent de mes yeux.
Hélas ! Moscou, la sainte,
Pourquoi faut-il dans ton enceinte
Porter le fer, porter la mort ?
N'est-il donc pas, mon Dieu, de gloire sans remord ?
O sol sacré de la patrie,
O terre où dorment mes aïeux,
Reçois du moins, terre chérie,
Les pleurs qui tombent de mes yeux !

(*Rumeurs au dehors.*)

Quelle est cette rumeur qui dans le camp s'élève ?

SCÈNE IV.

DIMITRI, LE PRIEUR, OFFICIERS, LE COMTE DE LUSACE, VANDA, *travestie en militaire.*

LE PRIEUR.

Gloire à toi, Dimitri ! l'ange a tiré son glaive :
Boris l'usurpateur est mort !
Le peuple de Moscou te demande une trêve ;

DIMITRI.

C'est bien ; demain la paix, et la trêve d'abord !

Amis, en attendant, puisque la paix s'apprête,
Donnez à vos soldats quelques heures de fête;
Vous, venez dans ma tente, où ce jour glorieux
Nous réunira tous pour un festin joyeux.

(Il sort avec les officiers. Au moment où le comte de Lusace va les suivre, Vanda paraît en costume d'homme.

LE COMTE.

Vanda !

VANDA.

Moi-même; écoute :
J'ai suivi Dimitri sous ce déguisement.
Il m'oublie et me fuit, je soupçonne et je doute.

(Avec douleur et plus lente.)

Tout me dit que l'ingrat a trahi son serment;
Viens, je te dirai tout... Silence en ce moment!

(Ils sortent. Les Cosaques envahissent la scène. — Grand ballet aux flambeaux.)

ACTE QUATRIÈME.

PREMIER TABLEAU.

L'intérieur d'une tente.

SCÈNE PREMIÈRE.

DIMITRI, LE COMTE DE LUSACE, Officiers, Soldats, buvant.

CHŒUR DES BUVEURS.

Amis, buvons ! l'heure est brève !
Amis, chantons ! c'est la trève !
Chantons ce jour qui s'achève ;
Chantons ce jour glorieux !
Gloire au tzar victorieux !

LE COMTE, entrant.

J'arrive le dernier, prince, pardonne-moi :
Absent, je travaillais pour toi ;
Mais je veux ma part de la fête ;
Le verre en main, à tous je tiendrai tête ;
Esclaves, versez l'hydromel
Dans les coupes étincelantes,

Apportez les liqueurs brûlantes
Pour arroser ces fruits nés sous un plus beau ciel.

(Reprise du chœur des buveurs. — Élevant la voix.)

Mais avant tout, messieurs, il convient, j'imagine,
Qu'à la table du tzar on boive à la tzarine,
A celle que le ciel à ses vœux accorda ;
Le verre en main, fêtons la tzarine Vanda !

DIMITRI, vivement, sans répondre au toast et brisant son verre.

Assez, messieurs ! voici l'aurore,
Autour du camp veillez encore.

(Il les congédie.)

CHŒUR, en sourdine.

Quelle aventure est donc cela ?
Quel est ce nom qui les troubla ?
Le tzar, le tzar l'ordonne
Ainsi ;
Qu'il ne reste personne
Ici !

(Ils sortent tous, sauf le comte de Lusace.)

SCÈNE II.

LE COMTE DE LUSACE, DIMITRI.

DIMITRI.

Je viens d'ordonner, ce me semble,
Que l'on me laisse seul.

LE COMTE.

J'ai fort bien entendu ;
Mais, pour toi l'entretien ne sera pas perdu,
Car il faut, Dimitri, que nous restions ensemble !

Je connais,
Ou plutôt je devine
Tous tes projets :
Tu ne veux pas que Vanda soit tzarine...
(Il boit.)
Moi, je le veux.

DIMITRI.

Comment !

LE COMTE.

Oh! pas d'emportement !
Moi je suis calme, vois: je continue à boire.
Voilà quinze ans — écoute avec soin cette histoire —
Boris était régent de Russie; il restait
Deux fils du tzar Yvan, mais l'aîné se mourait,
On savait que son frère après lui régnerait;
Boris fit appeler un pauvre gentilhomme ;
Et pour une très-forte somme
Lui proposa de tuer cet enfant
(Le regardant fixement.)
Qu'on nommait Dimitri, le second fils d'Yvan.
Donc l'enfant fut tué. Quant à ce gentilhomme,
Je ne te dirai pas le nom dont il se nomme.
Bientôt, comme du meurtre on refusait le prix,
Le meurtrier voulut se venger de Boris ;
Il avait parmi ses esclaves
Un enfant, né de parents slaves,
Qui ressemblait au fils d'Yvan ;
Il résolut de faire un tzar de cet enfant.

DIMITRI.

Misérable !...

LE COMTE.

L'enfant, esclave et fils d'esclave,
C'est toi ! tu comprends bien : je te dis que c'est toi !

Et l'homme qu'aujourd'hui ton imprudence brave,
Qui tua Dimitri...

(Il pose son verre.)

Suppose que c'est moi!
Et maintenant voici ce que cet homme ordonne :
Vanda sera tzarine ; oui, c'est ma volonté,
Sinon, j'arracherai de ton front la couronne
Et tu tombes plus bas, étant plus haut monté!

DIMITRI, à part.

Misérable

(On entend au dehors les pas d'une patrouille. Dimitri, après avoir tourné autour du comte de Lusace, va vers lui lentement ; il prend sur une table un couteau qui attire tout à coup son regard, et se jette sur le comte qui tombe frappé en pleine poitrine. Dimitri remonte au fond.)

SCÈNE III.

DIMITRI, LE COMTE DE LUSACE, UN OFFICIER,
puis VANDA et MARPHA.

UN OFFICIER, entrant.

Tzar!

DIMITRI, se retournant.

Que veux-tu?

L'OFFICIER.

Marpha la tzarine, ta mère,
Arrive et demande à te voir.

DIMITRI, à part.

Ma mère!
En ce moment!... Grand Dieu! que faire?

(Après un silence.)

Je suis prêt à la recevoir.

(Allant au fond.)

Accourez-tous !

(On entre.)

Cet homme était un traître infâme.

Je l'ai tué. Que l'enfer ait son âme!

(Sur un signe de Dimitri, on emporte le cadavre du comte de Lusace. Vanda, vêtue en officier, s'est mêlée au groupe et suit le cadavre du comte en faisant un geste de menace à Dimitri. Lorsque Marpha, qui est entrée à droite, aperçoit le groupe et reconnaît Lusace, elle s'écrie.)

MARPHA.

Lui ! lui ! l'exécuteur des crimes de Boris,
Lui ! qui sous mes regards s'enfuit avec mon fils !

(Tout le monde sort. Silence.)

SCÈNE IV.

DIMITRI, MARPHA.

DIMITRI, lentement.

Voici la vérité, madame.
Cet homme me disait, et je vous le redis,
Que je ne suis pas votre fils.

MARPHA.

Que tu n'es pas mon fils !

DIMITRI.

Ce qu'il a dit de plus, je ne l'ai pas compris,
Et je sais seulement que j'ai tué l'infâme.

MARPHA.

Mais tu ne l'as pas cru, cet homme, n'est-ce pas?
Tu sais bien que je suis ta mère?

DIMITRI.

Hélas ! hélas !

(Mouvement de Marpha.)

Oui, je le crois encore. Et cependant le doute
Glace mon cœur comme un poison !
Cet homme. . . Je l'entends, je le vois, je l'écoute ;
Juste ciel ! s'il avait raison !
Ce matin, j'attendais, plein d'une douce ivresse
L'instant de vous ouvrir mes bras ;
Et, dans le trouble qui m'oppresse,
Maintenant, je ne l'ose pas !

MARPHA

O sombres destinées !
Quoi ! depuis tant d'années,
De mon fils, je pleurais la mort ;
Il m'est rendu par un miracle,
De mon cœur j'en croyais l'oracle,
Et je perdrais mon fils encor !
Non ! ce serait trop de souffrance !
Ne m'ôte pas mon espérance,
Chasse le doute affreux qui t'égare, et dis-moi
Que mon fils est vivant, et que mon fils, c'est toi !

ENSEMBLE.

Dieu de bonté, Dieu de lumière,
Juste pour tous,
Entends, Seigneur, notre prière,
Eclaire-nous !

SCÈNE V.

DIMITRI, MARPHA, UN OFFICIER.

L'OFFICIER, entrant.

Les boyards de Moscou, suivis d'un peuple immense,
Viennent de leur cité t'offrir ici les clés

Devant tes soldats rassemblés,
Et du tzar triomphant implorer la clémence.

(Dimitri fait signe qu'il va se rendre à leur désir, l'officier sort.)

SCÈNE VI.

DIMITRI, MARPHA.

DIMITRI, après un long silence, allant vers Marpha.

Eh, bien ! devant mon peuple et devant mes soldats,
Si vous n'y consentez, je ne paraîtrai pas.
Soyez notre juge, madame ;
Moi, dans le trouble de mon âme,
Je vous répète avec effroi :
Suis-je votre fils ? suis-je roi ?

CAVATINE.

I.

Si ton fils est mort, pauvre femme,
Il n'est plus de cœur pour t'aimer,
Ils sont éteints, ces yeux de flamme,
Et rien ne peut les rallumer ;
Il n'est plus pour toi sur la terre
D'espérance ni de secours,
Ton deuil immense et solitaire
Ne finira qu'avec tes jours!

II.

Si je suis ton fils, noble femme,
Voici ce cœur prêt pour t'aimer ;
Toutes les forces de ton âme
A l'instant vont se ranimer ;

Il te reste encore en ce monde
Des bonheurs que rien n'a flétris.
Marpha ! que ta voix me réponde :
Suis-je ton fils ? suis-je ton fils ?

(Marpha lui tend les bras, et il s'y jette.)

Douces larmes, coulez ! Plus de pensée amère !
Le peuple vous attend ; venez, venez, ma mère !

(Changement à vue.)

DEUXIÈME TABLEAU.

La toile se lève, on voit le camp précédent. C'est la levée du camp. Plein soleil. Au fond Moscou et ses dômes dorés. — La foule remplit la scène. Air national. Dimitri et Marpha paraissent au haut d'un rocher. Les boyards viennent leur offrir les clefs de Moscou.

CHŒUR

Vive le tzar!
Vive Marpha!

LE PRIEUR.

Vois : c'est ton peuple qui t'acclame!
Vers le ciel élève ton âme!

(Dimitri relève les boyards qui s'agenouillaient devant lui.)

CHŒUR DES BOYARDS.

O notre maître, ô notre roi,
Accepte les clefs de la ville;
Que ta bonté soit notre asile
Et ta volonté notre loi!

DIMITRI.

Dieu puissant, inspire-moi!

VANDA, *seule à l'avant-scène.*

Triomphe, Dimitri ! L'espoir en moi demeure :
Tu me paîras bientôt ta victoire d'une heure ;
Ta main n'avait frappé qu'un coup mal assuré ;
Lusace n'est pas mort, et je le sauverai !

REPRISE DU CHŒUR TRIOMPHAL.

(*Quatre cavaliers montés sur des chevaux ailés entourent le cheval de Dimitri. Celui-ci salue la foule. Acclamation générale. Salve de canon.*)

ACTE CINQUIÈME.

Intérieur de la cour du Kremlin, — à gauche le Kremlin, — à droite l'église Vasili.

Au lever du rideau, les fenêtres du Kremlin sont illuminées. C'est la fin de la nuit, l'aube blanchit déjà l'horizon. — Vanda en vêtements sombres est sous un large balcon qui s'ouvre à gauche sur les salons du Kremlin.

SCÈNE PREMIÈRE

LE COMTE DE LUSACE, VANDA.

(Le comte de Lusace paraît enveloppé d'un manteau sombre. Il touche de la *main* l'épaule de Vanda qui se retourne.)

LE COMTE.

Relève-toi, Vanda : c'est le jour de vengeance!
Déjà pour Dimitri le châtiment commence ;
Oui, Dieu m'entend :
Du ciel, j'ai su pour nous gagner l'appui suprême :
Je vais trouver ici l'archevêque lui-même;
Job est instruit de tout; il est prêt, il m'attend!
(Montrant l'église.)

VANDA, seule.

Tout à l'heure à cette fenêtre
Deux ombres ont passé, j'ai cru les reconnaître.

Marina! Dimitri! les bras entrelacés!
Ah! vain espoir! Ah! rêves insensés!

I.

L'ingrat! il m'oublie, et, sans doute,
A peine encor s'il me redoute!
Ah! rêves superflus!
Adieu, bonheur, espoir, tendresse;
Adieu, mes rêves de jeunesse!...
L'ingrat ne m'aime plus!

II.

Elle va saisir la couronne,
Et c'est moi, moi qui la lui donne!
Ah! regrets superflus!
Oui, leur grandeur est mon ouvrage,
Et je dois dévorer ma rage!
L'ingrat ne m'aime plus!
Mon Dieu! quand donc viendra l'aurore?
La nuit est longue à ceux que l'angoisse dévore.
(Bouffée de musique venant du palais.)
Ce bruit de fête est triste à mon cœur sans espoir.
Dans l'ombre, tous les deux, il me semble les voir.

(Dimitri et Marina apparaissent au balcon. En même temps les lumières pâlissent devant le jour naissant et les musiques lointaines s'assoupissent.)

SCÈNE II

DIMITRI, MARINA, au balcon. VANDA, en bas, puis LE COMTE DE LUSACE.

DIMITRI.

Voici l'instant, ma fiancée,
Qui doit nous unir sans retour;
A toi ma plus douce pensée,

A toi tout ce que j'ai d'amour!
Tandis qu'aux cieux pâlit l'étoile,
Sur tes yeux passe un sombre voile,
O Marina, voici le jour!

MARINA.

A toi ma vie et ma pensée,
A toi ma vie et sans retour!
Pourtant mon âme est oppressée
Et tremble encor pour notre amour,
Regarde aux cieux mourir l'étoile,
D'un long bandeau l'azur se voile...
Mon bien-aimé, voici le jour.

VANDA.

J'ai reconnu leurs voix... Je voudrais être morte!
Mais les mots qu'ils ont dits, la brise les emporte.

DIMITRI.

Du matin l'haleine embaumée
Te caresse, ô ma bien-aimée,
Comme un lis qui vient de s'ouvrir!

MARINA.

Hélas! l'aquilon va peut-être
Briser le lis qui vient de naître
Et ne s'ouvre que pour mourir!

VANDA.

Que disent-ils? mon Dieu! La douleur me rend folle!
Entendre et ne pouvoir surprendre une parole!

(Elle se dispose de façon à voir, ne pouvant entendre.)

DIMITRI, prenant Marina dans ses bras.

O Marina, mon seul amour,
Ma chère âme, à toi ma pensée!...

Viens à moi, blanche fiancée !..
Voici le jour! voici le jour!

MARINA, *le repoussant doucement.*

Mon bien-aimé, mon seul amour,
A toi seul toute ma pensée
Et mon âme encore oppressée...
Voici le jour! voici le jour!

(*Ils reprennent ensemble, tandis que Vanda chante.*)

VANDA.

Oui, je le perds, et sans retour!
C'est à mort que je suis blessée!
La douleur me rend insensée...
Maudit soit leur funeste amour!

(*A la fin du duo, Dimitri pose sa bouche sur celle de Marina. Cri de Vanda. Elle veut sortir en se dissimulant. — Entrée du comte de Lusace qui lui dit en la prenant par la main.*)

LE COMTE.

Tu les as vus? Eh bien! plus de vaines alarmes :
Je saurai te venger, viens, et sèche tes larmes.

(*Ils sortent. — Morceau d'orchestre, pendant lequel le jour se lève rapidement.*)

SCÈNE III.

LE PEUPLE, *entré par groupes.*

CHŒUR.

C'est aujourd'hui grande fête,
Le couronnement s'apprête,
Et l'on doit aussi, sans retard,
Célébrer à l'autel l'hymen de notre tzar

UN BOURGEOIS.

Savez-vous la grande nouvelle ?

TOUS.

Non, parle donc!

LE BOURGEOIS.

On dit que Dimitri
N'est pas le fils d'Yvan.

UN AUTRE.

Vraiment! la chose est belle!

PREMIER BOURGEOIS.

On dit qu'il n'est qu'un favori
Du roi de Pologne.

UN AUTRE.

Le traître!
C'est pourtant vrai, peut-être.

PREMIER BOURGEOIS.

A la Pologne on assure qu'il vend
Les droits de la Russie...

UN AUTRE.

On voit cela souvent!

UN AUTRE.

Mais qui dit cela?

PREMIER BOURGEOIS.

Tout le monde.

UN AUTRE.

En vérité son audace est profonde;

UN AUTRE.

Alors ce n'est donc qu'un bandit ?

PREMIER BOURGEOIS.

Tout le monde le dit!

ENSEMBLE.

Quelle étrange nouvelle :
Nous n'avions qu'un faux tzar!
Comme tout se révèle
Tôt ou tard!

(Un autre groupe arrive bruyamment. Le jour paraît.)

DEUXIÈME BOURGEOIS.

Savez-vous ce qu'on dit?

UN AUTRE.

Oui, la chose est très-grave.

DEUXIÈME BOURGEOIS.

Le tzar n'est pas le tzar : c'est le fils d'un esclave!

UN AUTRE.

Non, c'est un ancien moine, un apostat maudit!

UN AUTRE.

Mais qui donc dit cela?

DEUXIÈME BOURGEOIS.

Tout le monde le dit!

(Le cortège sort du palais et se dirige vers l'église. Dimitri a à ses côtés Marpha et Marina. Grande escorte. Clergé. Soldats.)

CHŒUR.

Silence! silence!
Le cortége s'avance.
Silence!

(A moment où Dimitri va monter les marches de l'église, les portes s'ouvrent et Job paraît entouré de ses prêtres en habits pontificaux.)

SCÈNE IV.

DIMITRI, MARPHA, MARINA, JOB, LA FOULE, puis LE COMTE DE LUSACE et VANDA.

JOB.

Arrête, tzar, avant que de franchir ce seuil;
Je parlerai sans haine, écoute sans orgueil.

MARPHA.

O terreur! je frémis! dans mon âme troublée
L'espoir s'évanouit! Mon fils fuit mes regards!

JOB.

Cette foule assemblée
D'une rumeur étrange es aujourd'hui troublée:
On dit que tu n'es pas l'héritier de nos tzars;
Réponds, pour que ton droit brille à tous les regards.

LA FOULE.

Oui, oui!

JOB.

Peuple! c'est de Dieu seul que descend la lumière,
Implorons-le par la prière!

LA FOULE.

Par la prière!

(Le peuple s'agenouille. Les chants religieux se font entendre dans l'église. Job, debout, lève les mains au ciel.)

JOB.

O tzarine Marpha, veuve du tzar Yvan,
Peux-tu jurer ici que ton fils est vivant?
Viens au seuil de ce temple
Sur l'évangile et sur la croix,
De l'homme que voici viens attester les droits;
S'il est vraiment ton fils, nous suivrons ton exemple.

LA FOULE, reprenant le motif du chœur chanté dans l'église.

Jure! jure! jure!

(Marpha hésite à faire le serment. Elle se tourne vers Dimitri qui la regarde d'un air suppliant.)

LA FOULE.

Jure! jure! jure!

(Même jeu de scène que précédemment, mais plus court.)

Jure! jure! jure!

(A ce moment paraissent au balcon, où Dimitri et Marina ont chanté leur duo d'amour, le comte Lusace et Vanda. A leur vue Marpha s'élance pour jurer, mais avant qu'elle ait pu gravir les degrés de l'église, le comte tire un coup d'arquebuse à Dimitri qui tombe.)

LA FOULE.

A mort l'usurpateur!
A mort l'imposteur!

DIMITRI.

Ah! je meurs! Marina!... Ma mère!... Non! Hélas!
La vérité, mon Dieu, toi seul me la diras!...

(Reprise du chœur religieux au fond de l'église. Marina et Marpha sont agenouillées près du corps de Dimitri. Job bénit la foule.)

FIN.

Clichy. — Impr. Paul Dupont, rue du Bac-d'Asnières, 12. ([illegible]. 6-6.)

RÉPERTOIRE DU THÉATRE MODERNE
ET BIBLIOTHÈQUE DE LA SOCIÉTÉ DES AUTEURS DRAMATIQUES

EXTRAIT DU CATALOGUE :

Adrienne Lecouvreur, comédie-drame en 5 actes, par MM. Eugène SCRIBE et E. LEGOUVÉ. . . . . » 6?
L'Article 47, drame en 5 actes et 6 tableaux, par Adolphe BELOT. . . . . » 50
Nos Alliées, comédie en 3 actes, par Pol MOREAU, in-18. . . . . 2 »
La Blanchisseuse de Berg-op-Zoom, opérette en 3 actes, par MM. CHIVOT et A. DURU. . . . . 1 »
La Bergère de la rue Monthabor, comédie-vaudeville en 4 actes, par MM. Eugène LABICHE et DELACOUR. . . . . 2 »
Lise Tavernier, drame en 5 actes et 7 tableaux, par A. DAUDET. . . . . . 2 »
La Main leste, comédie-vaudeville en 1 acte, par MM. Eugène LABICHE et Edouard MARTIN. . . . . 1 »
Brûlons Voltaire, comédie en 1 acte, par MM. E. LABICHE et Louis LEROY. 1 »
La Cagnotte, comédie-vaudeville en 5 actes, par MM. E. LABICHE et DELACOUR. 2 »
Le Canard à Trois Becs, opéra-bouffe en 3 actes, par M. Jules MOINEAUX. 1 50
Le Carnaval d'un Merle Blanc, folie parée et masquée en 3 actes, par 2 »
MM. CHIVOT et A. DURU . . . . 2 »
Le Cachemire X. B. T., comédie en 1 acte, par MM. E. LABICHE et E. NUS. 1 »
Célimare le Bien-aimé, comédie-vaudeville en 3 actes, par MM. E. LABICHE et DELACOUR. . . . . 2 »
Le Commandant Frochard, comédie en 3 actes, par Hippolyte RIMBAUT et Raymond DESLANDES . . . . 2 »
Le Cousin Jacques, comédie en 3 actes, par Louis LEROY. . . . . 2 »
Doit-on le dire? comédie en 3 actes, par MM. E. LABICHE et DURU. . . . 2 »
Les Deux Noces de Boisjoli, vaudeville en 3 actes, par Alfred DURU. . . 2 »
Les Enfants, drame en 3 actes, par M. Georges RICHARD . . . . 2 »
L'Ennemie, comédie en 3 actes, par MM. Eug. LABICHE et DELACOUR . . . 2 »
Une Femme qui Bégaie, vaudeville en 1 acte, par M. Jules RENARD. . . . 1 »
Fleur de Thé, opéra-bouffe en 3 actes, par MM. A. DURU et H. CHIVOT. . 1 50
Les Forfaits de Pipermans, vaudeville en 1 acte, par MM. CHIVOT et DURU. 1 »
La Grammaire, comédie-vaudeville en 1 acte, par MM. E. LABICHE et JOLLY. 1 »
Un Habit par la Fenêtre, vaudeville en 1 acte, par M. J. RENARD. . . . . 1 »
Haydée ou le Secret, opéra-comique en 3 actes, par M. E. SCRIBE . . . . 1 »
Garanti Dix Ans, comédie en 1 acte, par MM. E. LABICHE et PH. GILLE. . 1 »
L'Homme qui manque le Coche, comédie-vaudeville en 3 actes, par MM. E. LABICHE et DELACOUR . . . . 2 »
Jean la Poste, drame anglais en 3 actes, par DON BOUCICAULT, arrangé par E. NUS » 50
Les Médecins, pièce en 5 actes, par MM. Eug. NUS et E. BRISEBARRE. . . 2 »
Moi, comédie en 3 actes, par MM. Eug. LABICHE et Ed. MARTIN. . . . . . 2 »
Les Maniaques, comédie en 1 acte, par E. LETERRIER et A. VANLOO. . . . 1 »
La Marquise, pièce en 4 actes, par MM. Eug. NUS et Adolphe BELOT. . . . 2 »
Le Parricide, drame en 5 actes, par Adolphe BELOT . . . . 2 »
Les Petits Oiseaux, comédie en 3 actes, par MM. E. LABICHE et DELACOUR. 2 »
Le Porte-Cigares, comédie en 1 acte, par M. Raymond DESLANDES . . . . 1 »
Les Projets de ma Tante, comédie en 1 acte, par Henri NICOLLE . . . . . 1 »
Le Petit Voyage, pochade en 1 acte, par M. Eugène LABICHE. . . . . . . 1 »
Un Pied dans le Crime, comédie-vaudeville en 3 actes, par MM. E. LABICHE et A. CHOLER . . . . 2 »
Le Beau-Frère, pièce en 5 actes, par M. Adolphe BELOT . . . . 2 »
Madame est trop belle, comédie en 3 actes, par MM. E. LABICHE et A. DURU. 2 »
Un Maître en service, comédie en 1 acte, par MM. A. SECOND et J. BLERZY. 1 »
Le Roman d'un Père, pièce en 3 actes, par Léopold STAPLEAUX . . . . . 2 »
Les Rêves de Marguerite, comédie en 1 acte, par E. VERCONSIN. . . . . . 1 »
Les Samedis de Madame, comédie en 3 actes, par MM. E. LABICHE et A. DURU. 2 »
Les Trente-sept Sous de M. Montaudoin, comédie-vaudeville en 1 acte, par MM. LABICHE et E. MARTIN. . . . . 1 »
Les Tribulations d'un témoin, pièce en 3 actes, par M. A. DE COURCELLES. 1 50
Les Trente Millions de Gladiator, comédie-vaudeville en 4 actes, par MM. E. LABICHE et P. GILLE. . . . . 2 »
La Vieillesse de Brididi, vaudeville en 1 acte, par MM. CHOLER et H. ROCHEFORT. . . . . 1 »
Le Voyage en Chine, opéra-comique en 3 actes, par MM. E. LABICHE et DELACOUR. . . . . 1 »
Vingt-neuf degrés à l'Ombre, comédie en 1 acte, par M. E. LABICHE. . . . 1 »

Clichy. — Impr. Paul DUPONT, rue du Bac-d'Asnières, 12. (868 bis, 6.6.)

www.ingramcontent.com/pod-product-compliance
Ingram Content Group UK Ltd.
Pitfield, Milton Keynes, MK11 3LW, UK
UKHW022130260726
13993UKWH00003B/1357